Français et Anglais

devant l'Anarchie Européenne

BIBLIOTHÈQUE PACIFISTE INTERNATIONALE

FRANÇAIS ET ANGLAIS

DEVANT

L'ANARCHIE EUROPÉENNE

PAR

Jean FINOT

DIRECTEUR DE « LA REVUE »
Ancienne « REVUE DES REVUES »

V. GIARD ET E. BRIÈRE
LIBRAIRES-ÉDITEURS
16, RUE SOUFFLOT, ET 12, RUE TOULLIER

1904

AVANT-PROPOS

Au moment où notre étude sur la formation et l'évolution parallèle de la conscience anglo-française paraissait dans la Revue des Revues (en 1902) des nuages
épais obscurcissaient l'horizon. La thèse soutenue par
l'auteur sur la nécessité, les bienfaits et le rapprochement inévitable des deux peuples a été taxée de para-
doxale et d'irréalisable. On nous opposait du côté français, entre autres, la haine séculaire des Bretons et des
Normands pour les Anglais, l'égoïsme et la duplicité
de leur diplomatie réfractaire à toute alliance, les conflits sans nombre pendants ou en gestation...

Du côté anglais, on parlait de la voix du sang, rap-
pelant l'Angleterre du côté des États-Unis ; de l'animo-
sité systématique des Français ; de leur « nationalisme »
étroit, tout entier à l'alliance russe et à ses mirages.....

Or, les sentiments de haine séculaire et les intérêts
hostiles font penser à ces esprits que raille le moraliste :
tout le monde en parle, mais où sont ceux qui les ont
vus ?

Il a suffi de ne plus s'en souvenir, de ne leur prêter aucun crédit, pour qu'ils perdent leur consistance et disparaissent dans les brumes.

Ce fut aussi l'opinion de quelques grands journaux des deux côtés du détroit. Les articles qui y ont paru en faveur de notre campagne (rappelons surtout les articles remarquables du Times), ont entraîné des centaines d'autres périodiques à envisager les faits sous le même jour. Et dans le chorus sympathique se distinguaient précisément les journaux normands et bretons qui devaient, disait-on, incarner la haine séculaire de deux peuples.

Qu'il me soit permis d'en tirer une conclusion :

La haine hypnotisant encore certains esprits n'est qu'un fantôme, et il n'y a de réelle que la sympathie tacite et mystérieuse se trouvant au fond de l'âme anglofrançaise.

On a eu tort de négliger cette union idéale, planant toujours au-dessus des querelles passagères. Sa voix puissante se fait entendre chaque fois qu'on se donne la peine de l'écouter. Loin de vouloir ainsi s'appuyer sur une base ethnique, principe menteur, comme tout ce qui touche aux origines et à l'évolution des races, l'auteur a cru utile d'insister sur les chaînes économiques qui lient d'une façon harmonieuse les deux peuples, sur leur vie en commun, nourris et grandis par les mêmes enthousiasmes, mêmes luttes, mêmes souffrances, mêmes émotions, mêmes aspirations, et surtout mêmes services rendus à la civilisation et à l'affranchissement des démocraties modernes. Les conclusions que nous en avons alors tirées ont reçu leur confirmation éclatante. La signature d'un traité d'arbitrage et de conventions tutélaires entre les deux pays ont démontré que nos espérances n'étaient point vaines.

Français et Anglais
devant l'Anarchie Européenne

« Hélas ! Qu'Héraclite avait raison de déplorer
l'aveuglement de l'homme qui se cause luy-même
tant de misères ! Misères qui rendent sa condi-
tion pire que celle des bestes, de sorte qu'il ne
faut point estonner si Gryllus, après avoir esté
métamorphosé en pourceau, aymoit mieux de-
meurer en tel estat que de retourner en sa première figure [1]. »

Ailleurs le même Cruce qui, deux ans avant
Hugo Grotius, préconisa la « paix generalle »,
supplie les princes régnants de l'époque et surtout le « Hercul François », Loys le Juste, « d'a-
voir compassion du genre humain qui, d'une voix
commune, demande la paix, d'arrester le cours de

1. Le *Nouveau Cynée ou Discours d'Estat*, par Em. Cruce
(Paris, 1623).

1.

ses misères et de mettre fin aux abus que la fureur des armes a devant produict ».

Trois siècles se sont écoulés depuis le moment où les doléances du « Nouveau Cynée », de Francisco de Vittoria, Balthasar de Ayala ou d'Alberico Gentili, retentirent à travers le monde et sa situation tragique n'a presque point changé. Si les guerres sont devenues moins fréquentes, elles sont en revanche plus terribles et plus dangereuses pour le repos et le bonheur de l'humanité. Et, par-dessus tout, il y a quelque chose de plus redoutable que les conflits du moyen âge, c'est la « paix armée » moderne ! Le Vieux Monde vit sur des barils de poudre, dont il ne cesse de craindre l'explosion ! D'après la boutade si éloquente de Jules Simon « *tous* les peuples emploient *tout* leur argent à préparer *tous* leurs hommes pour une guerre dont *tous* les peuples ont peur et dont *tous* les hommes ont horreur » ! L'Europe se meurt de la maladresse et de l'insouciance de ses gouvernants. On pourrait lui appliquer le mot prophétique du cardinal Newman à l'égard du christianisme : « En vérité, si une nouvelle révélation ne survient avant la fin du siècle, le Vieux Monde est perdu. »

I. — La Poudrière Européenne.

Pour comprendre la folie grandissante des armements européens, il suffit de rappeler que les charges militaires annuelles de l'Europe, qui étaient déjà, en 1875, de 3 milliards 1/2, ont presque doublé vingt ans après et ont atteint plus de 6 milliards en 1897. L'effectif de l'armée continentale s'est accru en même temps de 1 million 1/2 à plus de 3 millions. En 1903, on constate, en outre, non seulement une augmentation incessante des armements (les dépenses pour la « paix armée » se sont élevées encore de 2 milliards en regard des budgets de l'année 1895), mais dans maints parlements surgissent des projets de plus en plus monstrueux, demandant un accroissement sans répit des armées de terre et de mer. L'Angleterre, qui s'était contentée jadis de pouvoir tenir tête aux deux puissances maritimes, croit nécessaire d'avoir aujourd'hui une marine de force équivalente à celle de trois ou même quatre grandes puissances, tandis que l'Allemagne, après avoir enfin distancé la France au point de vue numérique de ses soldats, fait toujours l'impossible pour augmenter encore son avance. Les dettes publiques grandissent démesurément, et avec celles-ci les charges militaires. Pris entre ces deux feux, les États européens se voient dans la nécessité d'aggraver les impôts et d'entamer leurs dernières ressources. A mesure que montent les forces militaires, grandissent également le mécontentement et la misère des classes populaires.

Et admirez cette conséquence logique des armements à outrance ! Leur but devrait être, comme on ne se lasse de l'affirmer, de rassurer les puissances et de leur procurer la certitude d'un lendemain calme, sans surprises. Or, tandis que la concentration des matières explosibles dans tous les petits coins et recoins de l'Europe a créé un état d'appréhension chronique pour le sort de la paix à l'extérieur, de graves tempêtes grondent au dedans. Les peuples, qui ne sont plus dupes des illusions de leurs gouvernements, se révoltent de plus en plus contre l'impuissance de la diplomatie et l'aveuglement de leurs maîtres. Ils ne consentent plus à voir dans la guerre un facteur inévitable de la vie des nations ou une sorte de châtiment divin suspendu sur nos têtes.

Celle-ci est considérée de nos jours comme un fléau moins fatal que le choléra ou la peste. Les nations, renseignées, vont même jusqu'à rendre responsables leurs maîtres de ne l'avoir pas su empêcher ou détourner de leurs têtes. Le plus humble balayeur de rues se montre aujourd'hui, sous ce rapport, plus sensé que Hobbes ou de Maistre. La guerre a perdu pour lui la plus petite parcelle du « cachet divin ». Ses bienfaits le font sourire et ses nécessités lui échappent.

Les peuples, comme peuples, se méfient des montagnes de haines internationales qu'entasse la folie de leurs gouvernants. Ils se montrent même franchement hostiles aux charges que ces inimitiés artificielles leur imposent. L'augmentation de la force armée et du budget de la guerre est envisagée presque partout avec effroi. Les nations subissent quelquefois la suggestion de la logique boiteuse de leurs gouvernants belliqueux. Les projets criminels attribués aux voisins aveuglent souvent leur conscience paisiblé. Confiantes dans la parole des gardiens attitrés de leur bonheur, elles se laissent contaminer par leurs appréhensions illusoires, leurs haines factices ou leurs projets criminels.

Le réveil arrive pourtant toujours imminent, accompagné de ruines sans nombre et de deuils irréparables. « La « chair à canon se met à penser », et voici « qu'elle perd l'admiration d'être canonnée ». Cette pensée de J.-J. Rousseau s'empare de plus en plus de la conscience moderne : « La guerre n'est point une relation d'homme à homme, mais une relation d'État à État, dans laquelle les particuliers ne sont ennemis qu'accidentellement, non point comme hommes, ni même comme citoyens, mais comme soldats. »

Le nombre de voix socialistes suit dans chaque pays, d'une façon harmonieuse, les armements grandissants. Aux dépenses exagérées de l'empereur Guillaume pour l'armée, le peuple allemand exaspéré répond par une sympathie de plus en plus ardente pour ceux qui lui promettent de museler les fantaisies dangereuses du souverain. Aux élections de 1903, les socialistes allemands ont gagné environ un million de voix. Il en est de même dans les autres pays européens.

Le peuple russe, qui se réveille à peine pour la liberté, laisse déjà percer son profond mécontentement du militarisme excessif qui ruine l'empire et augmente la misère de ses classes laborieuses.

A travers les barrières artificielles créées par les diplomates, les peuples se tendent les mains. La civilisation, cette providence des harmonies sociales de nos jours, les pousse vers un rapprochement tandis que la solidarité de leurs intérêts économiques, leur prêche les bienfaits de l'adoucissement de toutes les rigueurs que nécessitent les frontières et les armées ennemies.

L'âme « particulariste » des peuples déserte devant l'esprit européen, qui flotte au-dessus des préjugés des vainqueurs ou vaincus, forts ou faibles.

On dirait que la réconciliation entre l'amour de l'humanité et celui de la patrie, qui continue à se faire lentement dans le cerveau de l'élite, s'est faite d'une façon imperceptible dans le cœur des peuples. Avec le bon sens admirable qui caractérise la pensée vierge de toute immixtion de fausses doctrines, les nations sont arrivées à cette conclusion si simple et si claire que leur salut exige une conciliation réelle de ces deux principes brouillés à dessein. L'harmonie des intérêts de la patrie et de l'humanité, éclate aujourd'hui à tous les yeux. Et tandis que l'appauvrissement du Vieux Monde, menacé de la faillite à cause de la paix armée, démontre aux gouvernants, d'une façon empirique, la nécessité du rapprochement international, la conscience populaire éclaircie se range instinctivement du même avis, en dehors de tout calcul politique du moment. Le courant de la solidarité internationale devient même tellement puissant que la diplomatie est forcée de s'incliner devant ses exigences. Certains rapprochements entre pays se sont faits dernièrement, malgré et même contre la volonté de la diplomatie et des diplomates, dont la résistance a été balayée par l'impétuosité des aspirations populaires.

La paix promet de devenir la sœur auguste des peuples, car ceux-ci ont enfin compris que les guerres ne résolvent rien. Chaque victoire par les armes porte dans ses flancs des guerres nouvelles. Pour aboutir à la paix, il faut procéder par la paix qui, seule, enfante le rapprochement et la fraternité. Mais tandis que le nombre de ceux qui la désirent grandit à nos yeux, où sont ceux qui, d'une façon efficace, sauront avancer son règne?

II. — Chimères Pacifiques.

Faut-il les chercher parmi les pacifiques en général ? Quelle que soit la bannière sous laquelle
ils marchent, ils ne font que travailler à la longue
pour l'avènement du droit et de la justice, seuls
souverains immuables que reconnaîtra l'humanité de demain. Il faut s'incliner devant leur zèle
et bénir leur persévérance dans la voie du bonheur.
Mais dans cette vaste route qui réunit tant d'efforts disparates et d'énergies humaines, il y a
sans doute des élus plus ou moins chers au principe du Bien. Dans chaque poussée humaine,
poursuivant le même dessein, on trouve des voya-
geurs qui, contrairement à leur intérêt, reculent
la date de l'arrivée. Tout fiévreux de l'idéal qu'ils
poursuivent, ils s'élancent à sa conquête sans
considération pour ceux qui les devancent, les
suivent, ou leur barrent simplement le chemin.
On oublie l'état d'âme des collaborateurs néces-
saires pour arriver au but. C'est ainsi que, dans
leur désir de voir triompher le plus vite possible
le rêve de fraternité universelle, certains pacifiques négligent les fondations du temple, pour ne

s'occuper que de son toit. Ils ne parlent que de l'abolition des armées permanentes et de la fédération des peuples. Plusieurs d'entre eux ne reculent même pas devant la conception gigantesque d'une république européenne ! Dans leur ivresse idéale, ils nous offrent une bâtisse étrange, dont les étages imposants flottent entre terre et ciel.

Les spectateurs en aperçoivent pourtant les côtés fantasques. Sans parler des professionnels de la guerre, des amoureux du panache ou des revanches de toutes sortes, les esprits pratiques se détournent devant ces abstractions seulement prématurées, qu'on taxe cependant d'irréalisables. Ils défient les « idéologues » de nous faire voir leur projet autrement que comme aspiration platonique des esprits exceptionnels. Le nombre de ces derniers augmente sans doute, mais dans des proportions tellement minimes qu'il nous faudrait bien des siècles avant de les voir à la tête des affaires politiques du monde.

Devant les faiblesses du programme idéaliste des pacifiques, les porte-paroles du « Dieu des armes », prônent avec plus d'assurance les spécifiques étranges qu'ils considèrent comme salutaires pour leur patrie et nuisibles pour les voisins !

Un grave malentendu préside ainsi à toutes les discussions entre « pacifiques » et les amis des anciens errements. D'un côté, les rêveurs qui demandent trop et n'obtiennent presque rien ; de l'autre, leurs adversaires qui, hypnotisés par les profondeurs du gouffre qui sépare les visées célestes de la réalité des faits, haussent les épaules devant l'idéologie « incorrigible ou criminelle ». Car aux yeux des patriotes, tout ce qui semble énerver ou affaiblir la force brutale de la nation ne peut que provoquer des résultats funestes pour son avenir.

On a tort, nous disent-ils, de s'insurger contre les excès des sacrifices militaires. Si ceux-ci doivent nous mener à une ruine lente, le désarmement nous conduira vers une autre, mais plus précipitée et surtout plus cruelle. D'autres nous affirment que la foi dans la justice et la bonté des peuples n'est qu'un parodoxe dangereux. Et ils ajoutent mélancoliquement : changez la nature humaine d'abord, et procédez au désarmement ensuite.

Même ceux qui s'inclinent respectueusement devant les tendances généreuses des pacifiques ne cessent de croire à la vertu des armements inces-

sants. On nous console, il est vrai, en disant que
ceux-ci diminueront singulièrement un beau jour,
faute de fonds et faute d'hommes. M. Messimy a
ainsi démontré dans un travail qui, sous forme de
projet de loi [1], fut soumis ensuite au Parlement
que la France se trouvera sous peu forcée de ré-
duire son contingent de 100.000 hommes. N'avons-
nous pas de beaucoup dépassé la limite extrême
de 1 soldat par 100 habitants, que le vieux Moltke
considérait déjà comme impossible à franchir !
Sur une population d'environ 38 millions, la
France ne devrait compter que 380.000 soldats, et
elle en a environ 530.000. Son budget épuisé se
refuse à supporter plus longtemps ce fardeau,
dont le poids paralyse l'évolution de la vie écono-
mique du pays. Ce sacrifice démesuré d'hommes
contribue, d'autre part, à la dégénérescence
physique et morale du pays et à la diminution
de la natalité.

Quant à la Grande-Bretagne, ce cri du cœur,
échappé à M. Chamberlain lors du Congrès des
coloniaux (en 1902) résume bien la situation. « Le
Titan fatigué chancelle sous le poids de sa desti-

---

1. *La Paix armée : la France peut en alléger le poids* (brochure
de la BIBLIOTHÈQUE PACIFISTE INTERNATIONALE.)

née. » Or, on sait que son appel fait aux colonies de prendre part aux calamités de la paix armée, est resté complètement vain.

Les autres peuples européens se rapprochent, du reste, du même niveau qui marque le commencement de la sagesse à longue échéance et de la faillite morale et matérielle, dans l'intervalle. Ils rappellent ces martyrs du purgatoire de Dante qui, pliant sous d'énormes pierres, essaient en vain de se reposer et n'ont de force que pour répéter le cri douloureux : *Piu non posso* ! Je n'en peux plus !

Mais, lorsque vaincues par l'impossibilité matérielle, les puissances s'arrêteront dans cette voie folle, l'organisme affaibli du Vieux Monde aura subi des secousses mortelles. Que dire enfin des millions de vies humaines, victimes de cet état de choses, créé par la méfiance réciproque et l'incompréhension des véritables intérêts de l'Europe ? Comme nous l'avons démontré ailleurs : à mesure que le Vieux Monde avance vers l'abîme, le Nouveau marche vers la prospérité et la richesse. Travaillant dans la paix et dans la concorde de ses États unis et pacifiés, débarrassée du fardeau militaire et des vexations douanières, l'Amérique du

Nord, après s'être émancipée de l'industrie européenne, menace de l'engloutir à son tour. Que
reste-t-il à faire dans ces conditions? Déclarer une
lutte douanière aux États-Unis et succomber ensuite, ou égaliser les chances, seule solution digne
des pays civilisés.

Le temps presse. Devant le danger de gaspiller
les sympathies accumulées pour la paix, il faut
les diriger vers un but pratique. Il faudrait, en
un mot, renoncer, pour le moment, aux grandes
phrases sur la paix universelle — impossible à
réaliser, — et même au concept des États-Unis
d'Europe, si difficiles à atteindre, pour se consa-
crer exclusivement à la seule mesure efficace, pour
laquelle les peuples européens sont unis et leurs
gouvernements acquis. Les profits prompts et im-
médiats que l'humanité en retirera, plaideront
mieux que n'importe quelle propagande, pour
l'œuvre de la paix définitive et le triomphe de la
fédération européenne.

III. — ETAPES DE L'ARBITRAGE.

Que dirait-on d'un législateur qui voudrait inau-
gurer l'ordre dans un pays quelconque en y se-

mant à profusion des idées de « vague humanité » ? Si élevés que fussent ces préceptes, ils ne
sauraient sans doute empêcher les voleurs de vo-
ler et les assassins d'assassiner. Car, pour établir
un véritable état juridique, basé sur les droits et
les devoirs des citoyens, il n'y a encore qu'un code
obligatoire qui oppose aux appétits criminels des
méchants, le respect obligatoire pour l'intérêt des
voisins. Il en est de même dans les relations entre
peuples. La possibilité des lois liant les nations
comme les individus éclate lorsqu'on met en contradiction les intérêts des citoyens d'un pays avec
ceux des autres pays, considérés comme membres
de l'humanité. La vie des peuples « au dehors »
rappelle servilement celle des individus à « l'intérieur. » Et de tout temps on a pu observer cette
analogie frappante entre le droit interne et le
droit international. Dans les capitulaires des pre-
miers rois mérovingiens, le délit lui-même n'est
considéré et puni que comme une atteinte à la
paix du roi. C'est là qu'on retrouve l'essence du
pactus pro tenore pacis des rois Childebert et
Clotaire. Il en était de même dans la loi salique
et germanique.

L'évolution du droit public intérieur accuse les

mêmes phases que celles du droit international. Dans les deux domaines, l'humanité débute par le désordre. La force et le caprice individuels précèdent l'intervention de la loi, émanation de la volonté de l'État organisé. A mesure que l'État prend conscience de sa force, il fait reculer le chaos et le désordre. Le respect et la protection égale de tous les citoyens, faibles ou forts, riches ou pauvres, remplacent ainsi la violence. Dans le domaine international nous nous trouvons actuellement dans la même phase vague qui avait précédé la promulgation des lois intérieures. La conviction de la nécessité d'une loi ou des lois s'enracine dans la conscience internationale et les peuples manifestent leur désir d'en finir le plus tôt possible avec l'anarchie et le caprice des souverains, victimes de leur tempérament belliqueux ou de certaines aspirations flibustières menaçant la vie et le repos des travailleurs.

De ces tendances vagues est né le vaste mouvement en faveur des arbitrages. Depuis le commencement du xixᵉ siècle, l'Europe a vu des centaines de conflits internationaux soumis au jugement des arbitres. On a fait ainsi intervenir la loi et l'équité au lieu de se soumettre à la force aveugle des armes. Et chaque proclamation d'un jugement arbitral a été accueillie avec reconnaissance même par les peuples qui s'en trouvèrent lésés. Rappelons à ce sujet les trois jugements successifs si défavorables pour la Grande-Bretagne, que cette puissance sut accepter avec une déférence qui a suscité l'admiration des peuples.

Après la sentence prononcée dans l'affaire si passionnante de l'Alabama, dont l'origine remontait à la guerre de Sécession et qui avait condamné l'Angleterre à payer aux États-Unis (jugement du 14 septembre 1872) la somme de 75 millions de francs, ce pays se voit de nouveau condamné dans la question de San Juan [1] (le 21 octobre 1872). Peu après l'Angleterre subit le même sort dans un autre jugement arbitral, rendu à Paris. Ces « défaites », se succédant comme des coups de tonnerre, n'ont aucunement affligé la Grande-Bretagne, d'ordinaire si susceptible lorsqu'il s'agit de la défense de son amour-propre ou de ses intérêts. Le peuple anglais a, au contraire,

1. Le débat portait sur un différend au sujet des frontières, mal délimitées par l'article 1er du traité de Washington de 1846. Les discussions violentes et envenimées menacèrent à plusieurs reprises de faire éclater la guerre. Ajoutons que les États-Unis ont, six fois de suite, refusé de se soumettre à l'arbitrage.

accueilli par une satisfaction non déguisée les trois jugements qui lui ont épargné autant de guerres !...

Seulement l'arbitrage facultatif, abandonné au gré des puissances, ne crée point un état juridique. Ce n'est que le désordre ou l'anarchie adoucie. On met, il est vrai, dans certains cas, un frein aux excès. Mais ces cas restent imprévus ou plutôt dépendent de l'état d'âme de ceux qui dirigent la politique des peuples en conflit.

Et de même que les habitants d'un pays ne pourraient s'accommoder des lois existant en dehors d'une obligation positive de s'y soumettre, de même les arbitrages accidentels fonctionnant d'une façon disparate ne peuvent constituer un état juridique.

Les peuples commencent à se rendre compte des avantages que l'ordre oppose au désordre dans leurs relations mutuelles, et le temps est proche où ils le croiront aussi nécessaire dans leurs relations au dehors, qu'ils le considèrent inévitable dans leurs rapports de citoyen à citoyen.

Pourtant l'analogie entre les individus vivant dans l'État et les États vivant dans l'Humanité ne va pas jusqu'à nous cacher certaines différences essentielles. La loi « intérieure » jouit d'une sanction qui la rend obligatoire, sinon sacrée, pour ceux qui la subissent. Mais comment créer ou, chose plus grave, exercer cette sanction entre États ? On aurait peut-être tort de vouloir opposer cette considération à la possibilité de créer l'état juridique international. Car cette sanction qui manque de gendarmes, a quelque chose de plus imposant pour lui conserver son cachet de gravité. Elle subsiste toute entière dans la « conscience universelle », cette force nouvelle qui grandit avec le progrès et l'émancipation des peuples. A la force brutale, qui impose le respect de la loi à l'intérieur, répond la conscience internationale dont le rôle sera bientôt celui de suprême justicier entre peuples. Déjà les gouvernements semblent s'incliner devant son tribunal sans arrêts, ses jugements vagues qu'il faut recueillir dans les opinions exprimées par la presse, des groupements des citoyens, associations pacifiques, ou dans celle des écrivains ou penseurs éminents. Qu'un événement survienne où la justice se trouve malmenée par une puissance quelconque et les fusées d'indignation qui partent de tous ces milieux font réfléchir et parfois trembler les gouvernements. Les puissances autocratiques, comme la Russie ou la Turquie qui paraissent vivre en dehors de la solidarité du monde civilisé, se sentent elles-mêmes angoissées et perplexes devant ses jugements. Appelées devant son tribunal, elles y vont souvent, contraintes et forcées, et y font valoir leurs arguments de justice, mal comprise, ou d'injustice bien déguisée. Rappelons à ce sujet l'attitude de la Turquie au sujet des massacres des Arméniens et de la Macédoine ou celle de la Russie à la suite des incidents survenus en Finlande ou à Kichiniev. La force latente que présente l'opinion civilisée demande seulement à être organisée pour permettre à l'humanité d'en tirer des moyens de salut. Il s'agit, en un mot, de trouver une solution pratique et accessible à tous les peuples, sorte de bannière qui rallierait leurs aspirations éparses. Groupés ainsi par les liens de leurs intérêts solidaires, les peuples subiront d'autant plus volontiers cette autorité abstraite, qu'ils l'auront choisie eux-mêmes d'abord, et ensuite, parce que son fonctionnement ne portera aucune atteinte ni à leur indépendance, ni à leur amour-propre le plus pointilleux.

L'utilité et la nécessité des tribunaux d'arbitrage n'a point échappé à l'attention des hommes d'État, des penseurs et des peuples eux-mêmes. Nous les retrouvons de la sorte à l'état rudimentaire, dans toutes les époques de l'histoire. On peut en relever des traces en Grèce et dans l'ancienne Rome, de même que dans le moyen âge et dans les temps modernes. Déjà, au ixe siècle avant notre ère, on voit établir en Grèce le Conseil des amphictyons, chargé de régler pacifiquement les différends entre les douze États, représentés dans le Conseil.

L'arbitrage facultatif fut exercé en Suisse dès le xive siècle par des prud'hommes, avant de se transformer en un arbitrage permanent[1].

Dès le xviie siècle, presque tous les écrivains qui s'occupent du droit des gens, préconisent les tribunaux d'arbitrage, comme institution idéale, pour mettre fin aux guerres qui ruinaient la chrétienté. Hugo Grotius parle déjà de cette facilité à faire la guerre, qui ferait rougir les barbares mêmes, des guerres commencées sous les prétextes les plus futiles et faites sans égard pour aucune

---

1. Il y fut formulé d'une façon précise en 1815. Le tribunal fédéral, créé en 1848 et perfectionné en 1874, présente une institution d'arbitrage parfaite fonctionnant entre les cantons suisses.

2.

loi, soit humaine, soit divine. On sait l'impression profonde que produisit sur les siècles à venir l'œuvre capitale de Grotius. L'impulsion donnée par ce savant va trouver son expression dans des milliers de projets d'arbitrage, éclos dans les divers pays.

Deux grands pays d'Europe se montrèrent surtout animés des idées chères à ce fondateur du nouveau droit des gens et ce furent la France et ensuite l'Angleterre.

IV. — L'INFLUENCE FRANÇAISE.

Bien avant l'apparition de l'ouvrage de Grotius, la France et l'Angleterre ont démontré à l'Europe chrétienne les bienfaits de l'arbitrage et sa supériorité sur les guerres, même lorsque celles-ci se montrent des plus heureuses.

Lorsque le roi Edouard débarqua un jour à Calais afin de s'emparer de la France, le roi Louis XI, au lieu de lui opposer une armée qui, même victorieuse, aurait pu nécessiter une guerre prolongée, crut utile de lui expédier un ambassadeur chargé de faire triompher la paix. L'ambassadeur, en rapportant les paroles de son souverain, fait comprendre au roi Edouard que la guerre pourrait avoir une suite désastreuse pour les Anglais qui seront surpris par la saison avancée et, qu'en outre, le conflit paraît d'autant plus mal fondé que le roi français a toujours tenu à vivre en paix avec son voisin. Les pourparlers furent couronnés de succès. Les deux rois, en suivant la voie des concessions mutuelles et guidés par leurs intérêts bien compris, ont fini non seulement par régler leurs différends à l'amiable, mais, chose plus curieuse, ils ont cru nécessaire de mettre fin à leurs velléités guerrières en se liant à l'avenir par un *traité d'arbitrage permanent* (1475). Et ce fut sans doute le premier traité de ce genre que nous retrouvons dans l'histoire du monde. Dans ce document précédant de 150 ans l'apparition de l'ouvrage de Grotius, et qui établit une relation juridique entre la France et l'Angleterre pour sept ans, nous trouvons, entre autres, ces pensées étonnantes pour l'époque et la mentalité de l'Europe d'autrefois :

Il ne sauraient plus à propos (les rois Edouard et Louis XI) ni plus loyalement mettre fin à cet état de choses qu'en remettant en d'autres mains le différend qui les sépare, « leurs revendications doivent être examinées conformément au droit et résolues suivant la justice », afin d'éviter l'effusion du sang chrétien. Il y était stipulé qu'aucune contravention à la trêve ne donnerait lieu à la rompre, mais serait déférée au jugement des *conservateurs* (de la paix) qui « puniraient les infracteurs et non point l'autre ». Les arbitres désignés pour le roi d'Angleterre étaient : les ducs de Clarence et de Glocester, ses frères, le chancelier d'Angleterre, le garde des sceaux privé, le gouverneur des Cinq ports ou bien ceux de ses lieutenants résidant à Calais. De la part du roi de France, c'étaient le sire de Beaujeu et Jean, bâtard de Bourbon, amiral de France [1].

Dans le même ordre d'idées, également bien avant Grotius, la France donne un autre exemple à l'Europe politique du xviie siècle. C'est chez elle que naquit un projet vaste et humanitaire ayant en vue de mettre fin aux guerres qui divisaient le monde moyenâgeux. Ce projet conçu par le roi Henri IV, se troupe exposé dans les *Économies Royales* de Sully. Le roi avait émis l'idée d'attaquer avant tout la maison d'Autriche en Allema-

1. Voir Barante : *Histoire des ducs de Bourgogne,* édition Sachard, tome II et le *Recueil des traités de Paix,* faits par les rois de France, publié par Léonard, 1693, tome I.

gne et en Europe, lui enlever certaines provinces, refaire ensuite le partage de l'Europe et fonder une république chrétienne, sous forme de fédération de tous les États européens. Les principaux pays d'Espagne, comme la Hollande, l'Angleterre, la république de Venise, les [princes protestants de l'Allemagne lui ont promis leur appui pour le projet de transformer l'Europe et d'y fonder une paix durable. L'Europe, dans l'idée de Henri IV [1], devait être divisée en quinze parties presque égales. Leurs limites devaient être définies et sous aucun prétexte, on n'aurait permis aux participants d'en modifier l'étendue.

Afin de résoudre les différends qui auraient pu éclater parmi les intéressés, un conseil général de soixante personnes devait être établi. Ce « *Sénat de la République chrétienne* » devait statuer sur toutes les querelles ou malentendus qui surgiraient entre les puissances. Le Sénat, en qualité

---

1. Certains historiens, entre autres, Michelet, ont essayé de railler ce projet de Henri IV, mais avec une rare incompréhension de son but ; M. Ancillon, dans son remarquable *Tableau de révolution des systèmes politiques de l'Europe* (II), de même que M. Wheaton dans son *Histoire des progrès du droit des gens,* rendent pourtant justice à cette conception si humaine et si libérale pour le siècle qui lui a donné naissance,

de magistrature suprème, avait la mission de veiller non seulement à ce que la paix ne cesse de régner entre les souverains, mais aussi à ce que ces « derniers ne puissent oppresser leurs sujets ».

L'assassinat du roi Henri en 1610 a empêché ce projet d'aboutir. Mais les préoccupations pacifiques qui l'ont fait naître ont continué à se faire jour en France.

Le *Nouveau Cynée ou Discours d'Estat,* qui parut en 1623, se pose également le grave problème d' « establir une paix generalle et la Liberté du commerce par tout le monde ». Cet ouvrage a dû déjà correspondre aux préoccupations de la France médiévale, car une seconde édition en fut imprimée l'année suivante. Em. Cruce y prouve qu'il n'y a pas de plus grande hérésie que de mettre « la souveraine gloire en l'injustice » et il adjure les souverains de vouloir comprendre enfin que si « on voit brusler ou tomber la maison de son voisin, qu'on a subject de crainte, vu que la société humaine est un corps dont tous les membres ont une sympathie, de manière qu'il est impossible que les maladies de l'un ne se communiquent aux autres. » Le Nouveau Cynée se montre déjà tellement antimilitariste, qu'il se demande, comment les pays peuvent se glorifier des victoires obtenues sur les champs de bataille ! Qu'est-ce qu'une telle gloire ? Et « quelle apparence y a-t-il d'estimer tant une chose, qui ne se vante sinon de faire ce que « *les plus imbéciles animaux peuvent exécuter, car de nuire et tuer c'est une chose facile* ». Examinant ensuite les misères qui affligent l'humanité, le « nouveau Cynée » ne s'étonne point que Plotin fût honteux d'être homme, et qu'il y ait parmi les hommes tant de « Timons solitaires! »

Presque tous les grands écrivains du xviie et xviiie siècles se montrent animés des mêmes sentiments à l'égard de la guerre, de ses cruautés et de ses injustices. Et lorsque le magnanime abbé de Saint-Pierre *lance* son projet de « paix perpétuelle » en 1713, l'accueil qui lui est réservé est loin d'être indifférent. D'après Rousseau, s'il était réalisé un seul jour, il aurait duré ensuite éternellement « tant chacun trouverait, par l'expérience, son profit particulier dans le bien-être commun ».

Tous les penseurs français de la seconde moitié du xviiie siècle se déclarent contre la guerre et pour l'arbitrage entre nations. Voltaire qualifie la guerre entre les États européens de « guerre civile » *(Siècle de Louis XIV)*. Les collaborateurs de la grande Révolution sont tous animés des mêmes idées. Mirabeau, dans son discours du 25 avril 1790, exprimait bien cette pensée qui dominait l'*Assemblée constituante* : « Il n'est pas loin de nous, peut-être, le moment où la Liberté, régnant sans rivale sur les deux mondes, réalisera le vœu de la philosophie, absoudra l'espèce humaine du *crime de la guerre* et proclamera la paix universelle ». Lafayette, Robespierre lui-même, au dire de Lamartine, effacèrent la guerre du symbole qu'ils présentaient à la nation. Quand la guerre éclata plus tard, nous dira-t-il, la « révolution avait dégénéré ».

Le 14 mai 1790, l'Assemblée proclama même l'abolition de la guerre, en annonçant la « communauté de devoir qui doit unir tous les hommes et les conduire à la paix, suprême destination des nations ».

Il y a, sans doute, quelque chose de fatal dans la contradiction qui se manifeste ensuite entre les tendances de l'élite de la nation française et les guerres, qui lui ont été imposées par les circonstances et le génie guerrier de Napoléon. Les aspirations pacifiques étaient pourtant dans l'air. Si l'on ne peut prendre à la lettre l'affirmation d'un historien de Napoléon, que l'Empereur ne rêva que la paix et que les guerres lui ont été toujours imposées par l'attitude des voisins, il ne faut pas oublier, d'autre part, que même pendant cette période des guerres à outrance, les tendances pacifiques de la France se font jour dans maints écrits de l'époque. Rappelons, entre autres, la tentative de Fourrier (1807) préconisant la paix universelle qui devait découler, d'après lui, de l'application et de l'élargissement scientifique du principe de l'association. L'école Saint-Simonienne de même que son fondateur (1814), prêche également le rapprochement et la fraternité des peuples. Les travaux de Pierre Leroux en faveur de la fédération des peuples (1827) impressionnent vivement l'Europe et lui rappellent que les aspirations françaises vers la fraternité internationale n'ont jamais tari. Que dire enfin des efforts des poètes comme Béranger (rappelons son ode : *La sainte alliance des peuples*), comme Lamartine (*Marseillaise de la paix*), ou des appels retentissants de Victor Hugo, qui ont électrisé le vieux monde en lui montrant la possibilité d'en finir un jour avec la guerre et ses maux innombrables.

En 1849, Victor Hugo préside le premier Congrès de la Paix et c'est alors que le poète formule le programme qui devient le mot de ralliement entre peuples :

Substituer les arbitrages aux batailles !

Dans la même année, M. Bouvet va même jusqu'à présenter à l'Assemblée nationale un projet de désarmement général. Dans sa pensée, un Congrès, convoqué dans ce but, devrait en outre étudier la question de l'arbitrage et des moyens pratiques pour le faire accepter par les puissances. L'Assemblée se montra toute acquise aux idées humanitaires développées par l'orateur. Une commission élue dans son sein accepta en principe les idées de Bouvet, mais, pour des raisons faciles à comprendre, elle ne crut pas utile que la France prît l'initiative de les soumettre à l'approbation de l'Europe.

Sous la poussée de l'opinion, l'idée de la paix négligée sinon méprisée par les gouvernements, fait même son entrée triomphale au *Congrès de*

Paris (1856). Les puissances qui y étaient représentées adoptèrent, bien avant le Congrès de La Haye, le principe de l'arbitrage. En cas de conflit, proclama le Congrès, les puissances seraient tenues d'avoir recours à des médiations préalables. Cette obligation, comme tant d'autres, dont dépendent l'honneur et le bonheur des humains, ne fut pourtant jamais exécutée !

On a le vertige en pensant combien l'humanité aurait gagné, si les nations s'étaient souvenues, en 1870, de la porte de salut que leur offrait le fameux Congrès qui suivit la guerre de Crimée !

Mais hélas ! les peuples comme les individus se donnent habituellement plus de mal pour gagner l'Enfer qu'il n'en faudrait pour conquérir le Ciel.

Sept ans plus tard (1863), le gouvernement français propose aux puissances la convocation d'un congrès européen devant à la fois poser des bases pour le désarmement général et élaborer le projet d'entente entre les peuples, afin de rendre la guerre impossible.

L'Empire, né dans le sang, nourri par les guerres, et qui devait disparaître dans les larmes, parut peu indiqué pour présider au royaume de la paix. Son appel retentit en Europe, sans y provoquer le moindre écho !

Les malheurs de l'Année terrible n'ont point détruit les aspirations humanitaires de la France. La nation si profondément humiliée ne pouvait pourtant pas s'adresser au monde civilisé, à qui la paix de Francfort venait d'infliger un défi aussi cruel. Mais les sentiments altruistes, refoulés au fond de la conscience française, n'ont cessé d'y grandir et mûrir. Et à mesure que les forces de la nation se rétablissent et qu'elle reconquiert sa situation par sa sagesse et par son travail de relèvement persévérant qui, tous deux, suscitent l'admiration du monde entier, la soif de justice internationale qui l'anime, se manifeste d'une façon de plus en plus éclatante.

C'est la France qui appelle à la vie et organise les premières associations pacifiques ; c'est elle enfin qui convie tous les peuples, grands et petits, à la défense de leurs intérêts sacrés qui se résument dans la paix.

En 1878, lors du centenaire de Voltaire, Victor Hugo, aux applaudissements de la France entière, donne la formule de salut des peuples : la fédération.

« Déshonorons la guerre, s'écria-t-il, dans son discours enflammé, prononcé au Châtelet. Non, la gloire sanglante n'existe pas. »

Il suffit de rappeler, à côté du grand poète, les noms de Frédéric Passy [1], Jules Simon et tant d'autres glorieux initiateurs de la renaissance des peuples par la paix, pour comprendre toute l'étendue de la dette que l'humanité pacifiée devra un jour à la France.

Indépendamment de ces efforts inoubliables, dus à l'initiative privée et consistant surtout dans l'appel direct aux peuples, la France ne craint pas de se poser officiellement en champion des idées de la paix et de l'arbitrage. Sans parler de la pétition d'un grand nombre d'habitants du département du Rhône, demandant à la Chambre, en 1885, de prendre l'initiative de l'établissement d'un tri-

---

1. C'est à Frédéric Passy qu'on doit la fondation de la *Ligue Internationale de la Paix* (1867) devenue plus tard la *Société française d'arbitrage entre nations*. Grâce à son initiative, éloquente, infatigable et désintéressée, la France fut couverte d'associations pour la Paix qui ont peu à peu transformé l'âme du pays et substitué la raison féconde aux rancunes stériles.

Aujourd'hui à côté de tous ces groupements nombreux, les pacifiques français disposent également d'un journal hebdomadaire, l'*Européen*, admirablement rédigé et dont l'influence ne cesse de grandir, et de revues, comme la *Paix par le Droit*, qui combattent vaillamment le bon combat.

bunal international, nous voyons F. Passy déposer, en 1887, un projet de résolution, invitant le gouvernement à saisir toutes les occasions favorables pour développer, préciser, généraliser et assurer le retour à la médiation et à l'arbitrage. Une année après, l'infatigable chef du mouvement pacifique soumet à la Chambre une nouvelle proposition, appuyée de 77 signatures. On y préconise tout simplement un projet d'arbitrage franco-américain !

Plus tard, c'est à Paris également qu'on organise la *Conférence interparlementaire*, dont l'intervention en faveur de la paix devait être tellement féconde. C'est ainsi que partout à travers le monde, le génie français se met à la disposition de la justice entre peuples.

Et lorsque, grâce à l'initiative du Tsar Nicolas II, fut organisée la Conférence de La Haye et la Cour d'arbitrage, c'est également à l'intervention bienfaisante de la France, aidée par celle des États-Unis, que l'humanité devra le sauvetage de ce bâtiment rudimentaire de l'arbitrage qui a failli crouler à la suite des agissements des forces hostiles.

V. — L'INFLUENCE ANGLAISE.

Ce sera non moins le mérite inoubliable de l'Angleterre d'avoir de tout temps travaillé au triomphe de l'idée pacifique et de la justice entre peuples. Si ses gouvernants et ses diplomates montrèrent souvent un certain mépris pour le droit des gens, ses penseurs de même que le peuple anglais et ses représentants au Parlement ne lui ménagèrent jamais leurs encouragements. Les hommes d'État anglais, entraînés dans l'engrenage des sympathies populaires, se sont vus fréquemment forcés de se rallier aux partisans du mouvement vers la paix.

Rappelons que, dès 1647, c'est-à-dire dès la fondation par Georges Fox de la secte des Quakers, la plante pacifique a commencé à pousser sur le sol anglais. La condamnation par Fox de la guerre sous toutes ses formes, impressionna vivement les intellectuels anglais. Dans les livres du temps, nous en trouvons des échos chaleureux, et lorsque William Penn, subissant du reste l'influence du fameux projet français de Henri IV, publie, en 1693, son ouvrage sur « la paix présente et future », le génie pratique des Anglais s'étant rendu compte de ce qu'il y avait de salutaire pour l'humanité dans le nouvel Évangile du droit des gens, sa sympathie pour cette nouvelle religion, avec les siècles, ira toujours grandissante.

Dans ce domaine, comme dans d'autres de la formation de la pensée franco-anglaise, nous assistons aux résultats admirables que produisit de tout temps le choc de leur influence réciproque[1]. Et si la France travailla surtout au point de vue théorique l'âme de l'Europe, en lui faisant comprendre et aimer les idées nouvelles, l'Angleterre, en les transportant sur le terrain pratique, facilite singulièrement leur triomphe.

Vouloir énumérer ici tout ce que le droit des gens doit à l'initiative anglaise équivaudrait peut-être à la hardiesse naïve de Propertia de Rossi s'efforçant de sculpter toute la Passion du Christ sur un noyau de pêche. Bornons-nous plutôt à mentionner les faits les plus significatifs qui démontreront l'action parallèle des deux grands pays au profit de l'humanité.

C'est en 1849, dans la séance de la Chambre des Communes du 12 juin, que Cobden proclame la

1. Voir *Français et Anglais*, par Jean Finot (chez F. Juven).

nécessité de l'arbitrage pour mettre fin à la guerre. Il demande « qu'une humble adresse soit présentée à Sa Majesté, afin d'obtenir des autres puissances de soumettre à l'avenir leurs litiges à la décision d'arbitres ». Lord Palmerston, tout en rendant justice au principe, s'oppose à son application en ce qui concerne l'Angleterre. Il est curieux de voir quel motif ce diplomate fin et rusé essaya d'opposer à la proposition de Cobden. Pour lui, « l'Angleterre, objet d'envie de tous les peuples, ne saurait trouver de juges impartiaux ». Il s'attira du reste cette réponse si juste de Milner Gibson que même « les défauts de jugements des arbitres seront toujours préférables à la guerre qui est la suprême iniquité ».

Vingt-quatre ans plus tard (1873), Henry Richard reprend la proposition Cobden. Cette fois-ci, l'esprit politique de la Chambre, plus mûr et surtout moins susceptible de se laisser guider par les paradoxes des vieux routiers de la diplomatie, a pris le dessus. En vain le vieux Gladstone demande le rejet de la motion qu'il considère comme prématurée. L'honorable M. Lawson, dans son intervention soulignée par de longs applaudissements de la majorité de la Chambre, démontre

3.

« qu'il est pourtant grand temps de mettre fin à l'anarchie internationale ». Admettant même qu'une tentative faite dans le sens de l'arbitrage, disait-il, échoue complètement, mieux vaudrait quand même un essai infructueux que l'inertie absolue, « d'autant plus qu'en cas d'échec d'une proposition raisonnable, la honte n'est pas pour l'État qui l'a faite, mais pour celui qui la repousse indûment ».

La motion de Henry Richard fut votée par 98 voix contre 88. La diplomatie anglaise réussit quand même à escamoter pour un certain temps ce triomphe du principe de l'arbitrage. N'importe. Cet hommage rendu par une assemblée législative, la plus puissante du globe, à l'arbitrage, traité jusqu'ici de rêve et même de folie, a eu sa répercussion puissante à travers le monde. La victoire obtenue par Henry Richard et ses amis a consacré en même temps une autre vérité, des plus importantes pour les initiateurs de l'arbitrage futur : c'est qu'il n'y a point de honte pour un État de voir repousser une offre d'arbitrage, car le refus retombe tout entier sur celui qui ferme ses oreilles aux arguments de la raison et du bon sens.

VI. — LES PROGRÈS DE L'ÉTAT JURIDIQUE.

Et cet encouragement donné à tous les hésitants va porter sous peu ses fruits. Les nobles efforts des deux nations pour la cause de la paix vont engendrer des actes innombrables dans les deux mondes. A la fin de la même année (le 24 novembre 1873), M. Mancini, inspiré par les délibérations de la Chambre des Communes de Londres, soumet un projet analogue à la Chambre italienne. Dans sa motion, l'honorable orateur formule le vœu que « le gouvernement du roi s'efforce de rendre l'arbitrage aussi fréquent que possible et qu'il persévère dans l'excellente initiative, prise par lui depuis plusieurs années pour la conclusion d'une convention entre l'Italie et les autres puissances en vue de rendre uniformes et obligatoires les règles essentielles du droit international privé [1] ».

1. Ajoutons du reste qu'arrivé au pouvoir, M. Mancini appliqua partiellement ses idées.

Dans les traités de commerce conclus avec l'Angleterre et le Monténégro, se trouve une clause qui stipule qu'en cas de difficultés sur l'interprétation, les parties s'obligent d'avance à se soumettre à un jugement d'arbitres.

Depuis, l'arbitrage, comme principe indispensable du droit international, triomphe presque dans tous les Parlements du monde. Honni et raillé jadis, il devient du coup l'idéal suprême des peuples. Sous sa bannière se rangent les diplomates, les hommes d'État et même des souverains. On ne pratique sans doute pas tous les enseignements de la nouvelle déesse, mais on subit déjà ouvertement son culte...

L'année suivante, la seconde Chambre suédoise (21 mars 1874), dans une adresse au Roi, le prie instamment d'appuyer toutes les démarches tendant à l'établissement d'un tribunal permanent en vue d'arranger les différends internationaux.

Quelques mois plus tard (le 17 juin), le Congrès des États-Unis décide d'inscrire dans les traités à conclure avec les Gouvernements étrangers, une clause d'après laquelle aucune partie ne prendrait les armes contre l'autre, jusqu'à ce que des efforts eussent été faits pour écarter tous les motifs de réclamation au moyen d'un arbitrage impartial.

A la fin de la même année, la seconde Chambre des États-Généraux des Pays-Bas exprime le vœu que le Gouvernement fasse triompher le principe d'arbitrage dans les relations internationales. Le Parlement belge suit cet exemple en 1875.

Le nouveau triomphateur de la vie internationale traverse le vieux et le nouveau monde en traînée de poudre. L'humanité est animée pour lui d'un feu sacré. La sève bienfaisante amassée par tant d'efforts de penseurs et d'hommes d'action, s'écoule enfin dans des motions enchanteresses des Parlements. Les paroles séduisantes de paix et des solutions pacifiques des querelles sont dans toutes les bouches. L'arbitrage, comme une aurore nouvelle de la vie civilisée, se dégage ainsi des ténèbres, et grandit au milieu des anciennes méfiances et des conflits latents, ces legs déplorables des guerres d'hier...

La Confédération suisse peut revendiquer l'honneur d'avoir la première eu l'idée de faire adopter un traité d'arbitrage permanent et positif entre deux pays. Le président des États-Unis, Arthur, pressenti par la Suisse, accueillit cette proposition avec une sympathie chaleureuse de même que M. Frelinghuysen, ministre des Affaires étrangères des États-Unis. Dans le rapport du département politique fédéral suisse sur sa gestion en

1883, on trouve les dispositions si admirables et si simples du projet qui n'a pas été formellement ratifié à la suite de la mort du ministre américain survenue dans la même année.

En 1887, de nouveau, 232 membres de la Chambre des Communes anglaise (dont l'illustre John Bright), appuyés par 36 membres de la Chambre des Lords, envoient à Washington une députation de 12 membres pour proposer un traité d'arbitrage permanent [1]. Le 12 mai 1888, M. Goblet fait stipuler à titre d'essai, dans le traité de commerce et de navigation conclu avec la république de l'Equateur, le principe de l'arbitrage dans le cas d'un différend.

Enfin un événement d'une importance capitale se passe en 1890. Sous l'impulsion des États-Unis, les plénipotentiaires de 17 puissances se réunissent à Washington et y signent, le 18 avril, un traité les obligeant à trancher tous leurs différends par voie d'arbitrage. Ces 17 puissances comprennent plus de 100 millions d'habitants qui, depuis cette année mémorable, bénéficient

---

1. On sait les différentes péripéties de ce traité qui, n'ayant pas encore réuni la majorité nécessaire au Congrès, reste à l'état stationnaire. Mais tout porte à croire qu'il sera voté sous peu.

du régime de l'arbitrage obligatoire que récla-
maient pour l'humanité tant de penseurs et
d'idéologues, qui ne se laissaient pas déconcerter
par le scepticisme de tant de diplomates « pro-
fonds » et « avisés ».

Les États-Unis, qui vivent sous le régime de
leur Cour suprême, ce véritable tribunal d'arbitrage entre États confédérés, ont pu mieux juger
les bienfaits de ce principe, qu'ils ont fait triompher dans les relations américaines.

L'agitation soulevée aux États-Unis par la conclusion de ce traité, trouve, du reste, sa contre-
partie sympathique dans la vieille Europe.

C'est ainsi qu'en Italie, sur l'initiative de
MM. Mazzoleni et Bonghi, la Chambre autorise le
Gouvernement à négocier des traités d'arbitrage
avec les autres puissances. Le Sénat espagnol
vote, dans la même année, le principe d'arbitrage permanent.

Le Folkething danois, bientôt après, fait triompher par une majorité écrasante (58 voix contre 10),
non seulement l'application de l'arbitrage permanent entre les trois États scandinaves, mais
aussi un vœu demandant l'élargissement du
même principe, en ce qui concerne les autres

nations. Un vote analogue fut proclamé en Norvège...

VII. — L'Œuvre de La Haye.

Cette marche triomphale de l'âme moderne
vers « l'état juridique », a trouvé son expression
inoubliable à la Conférence de La Haye, où 25 nations ont signé une convention tendant à une solution amicale des conflits internationaux de demain.

On sait les oppositions animées qu'y rencontra
la bonne initiative du Tsar Nicolas. En commen-
çant par ses propres diplomates qui paraissaient
plutôt hostiles à la proposition de leur souverain,
tout y fut mis en œuvre pour faire enterrer par
les gouvernements les désirs humanitaires ca-
ressés par les peuples. Mais on n'arrête pas facile-
ment un véhicule lancé à toute vitesse. L'arbitrage triompha nonobstant la résistance regret-
table qu'il subit, entre autres, de la part de
l'Empereur Guillaume. Le délégué allemand y
avait même fait cette déclaration stupéfiante que
le principe de l'arbitrage est incompatible avec la
souveraineté d'un « monarque qui base son pou-

voir sur le droit divin » ! La Conférence de La
Haye a donné quelque chose de plus qu'une con-
sécration idéale à l'arbitrage. Il n'est pas, il est
vrai, obligatoire. Les puissances en conflit sont
toujours libres, soit d'adjoindre à la Cour d'autres
juges, d'en modifier la procédure ou même de
refuser sa compétence. Mais un article (28) de la
convention, voté surtout à la suite de l'intervention des délégués français, MM. Léon Bourgeois
et d'Estournelles de Constant, constitue quand
même une innovation importante.

« Les puissances considèrent comme un devoir,
dans le cas où un *conflit aigu* menacerait d'é-
clater entre deux, ou plusieurs d'entre elles, de
rappeler à celles-ci que la Cour permanente leur
est ouverte. »

Ce devoir international, dont les États-Unis ont
si bien souligné la pensée lors du conflit ger-
mano-vénézuélien, ne sera pas lettre morte. L'Empereur Guillaume, dans son désir d'humilier la
cour de La Haye, qui paraissait porter un défi à
ses privilèges d'origine divine, a cru pouvoir
éviter sa juridiction, en offrant la dignité d'ar-
bitre au président Roosevelt. Ce dernier déclina
avec fermeté cet honneur et le plus orgueilleux

des souverains contemporains s'est vu forcé de faire sa route de Canossa et de reconnaître la réalité de la nouvelle force internationale. La conscience des peuples, éveillée par les incidents de Caracas, a compris ce qu'il y a de salutaire dans cette obligation imposée aux gouvernements et saura sans doute la leur rappeler, le cas échéant.

VIII. — Triomphe de l'Ordre nouveau.

L'atmosphère européenne reste donc tout à fait propice au triomphe définitif de l'idéal pacifique. Aux désirs ardents exprimés par les peuples et leurs parlements, les gouvernements et la routine diplomatique n'opposent plus qu'une faible résistance. Encore quelques coups de pioche, et l'humanité arrivera au but rêvé pendant tant de siècles.

Le triomphe sera d'autant plus proche et décisif que les adhérents gagnés à la cause de la paix sauront abandonner leurs anciennes abstractions insaisissables et irréalisables. Tous les efforts doivent se résumer dans un programme, si facile à réaliser : le salut par l'arbitrage obligatoire avec et entre tous. Au lieu de vouloir faire descendre la *paix générale* sur le monde trop jeune pour l'adopter, ou de prêcher le *désarmement général*, tellement en contradiction avec la méfiance semée dans le monde par les représentants de l'Europe monarchique et guerrière, les pacifiques ne doivent plus avoir qu'une seule préoccupation : créer un état juridique entre nations !

L'humanité, n'en doutons point, atteindra promptement ce port de salut. Car cette révolution internationale, loin d'effrayer les peuples, les tente par des avantages sans nombre qu'elle fait miroiter à leurs yeux. Cause gagnée d'avance, elle répond à toutes leurs aspirations intimes. C'est ainsi que s'explique ce fait curieux que chaque proposition d'arbitrage rencontre les mêmes enthousiasmes de la part de ceux à qui on l'adresse que du peuple qui en prend l'initiative. Bien plus : les voisins d'à côté mêlent leur enthousiasme aux cris d'allégresse sortis des camps directement intéressés. Tandis que la France et l'Angleterre étaient tout entières à leur mariage de raison et d'inclination que préparaient les pourparlers engagés entre les deux peuples pour la conclusion de l'arbitrage, le peuple italien, si accessible à toutes les idées nobles et généreuses, se déclarait spontanément tout acquis à un arbitrage franco-italien.

Ce mode d'assurance contre la guerre deviendra sous peu la règle générale. Pas de primes à payer, pas de sacrifices à s'imposer. Ajoutons que sa formule, malheureusement trop restrictive dans les traités récemment conclus entre la France, l'Angleterre et l'Italie, se généralisera, se simplifiera avec le temps. On en viendra à la règle sacramentelle, telle que nous la lisons, par exemple, dans le projet établi (article 1er) par le Département politique de la Fédération Suisse (en 1883), et que l'on trouve répétée dans tous les traités postérieurs :

Les deux États contractants s'engagent à soumettre à un tribunal arbitral toutes les difficultés qui pourraient naître entre eux pendant la durée du présent traité, quelles que puissent être la cause, la mesure ou l'objet de ces difficultés.

La simplicité de la formule n'en diminue en rien ni la gravité ni l'importance juridique. Le traité laisse intégrales la souveraineté et l'indépendance de chaque peuple. Véritable fleur sans épines, l'arbitrage obligatoire offre ainsi aux peuples toutes les délices, ne leur demandant en re-

vanche de ses bienfaits que de vivre heureux dans
la paix. En garantissant l'existence paisible des
citoyens, il leur enlève le souci du lendemain.
La peur « imaginaire » de l'ennemi ou des ennemis disparue, les peuples procéderont à une diminution successive de leurs armements. La
guerre cessera d'être le cauchemar de la diplomatie, des gouvernants et des nations. Habitués à se
considérer comme des individualités morales dans
l'unité humanitaire, les « gouvernants » aban-
donneront leurs procédés de banditisme international. Les mœurs changeront. Les peuples, con-
vaincus de la valeur de « cet ordre nouveau » s'y
attacheront à mesure qu'ils en jouiront. Celui-ci
veillera sur leur vie, leur prospérité, leur tran-
quillité, leurs fortunes. Peu à peu ce gardien
fidèle de leur bonheur, deviendra un facteur inévitable. Protégé par l'attachement et la vénéra-
tion des peuples, il deviendra inattaquable et
inattaqué.

IX. — INTERVENTION ANGLO-FRANÇAISE.

C'est à la France, secondée par l'Angleterre,
qu'appartiendra l'honneur de faire triompher en

Europe ce nouveau mode de salut. Comme l'a dit Duruy, la France paraît avoir reçu la mission de réviser, d'époque en époque, les grandes lois qui régissent l'humanité. Combien de fois ne l'a-t-elle pas ainsi bouleversée en la sauvant de l'injustice et de la routine et en lui infusant un sang nouveau et des forces nouvelles ? Après avoir repris conscience d'elle-même, la France, sans y penser, redevient le porte-parole de l'humanité nouvelle. Le monde moderne, sous la forme de grande démocratie pacifique, a hâte de rejeter au loin les vestiges de l'époque féodale. Un vent de paix souffle à travers l'Europe et c'est dans la paix que communient ses meilleurs esprits. Les mots sont en l'air, il s'agit de les saisir au vol, d'en faire un drapeau qui désormais guidera l'humanité. Et de partout on se tourne instinctivement vers la France ! N'avons-nous pas vu tout récemment le spectable réconfortant de la Suède, de la Norvège, du Danemark et de la Hollande, nous demandant un traité d'arbitrage permanent ?

L'Angleterre, autre grande démocratie, paraît également travaillée par les mêmes préoccupations qui se font jour en France. Vers la fin de 1900, les représentants de 237 Trades-Unions, qui comptent environ *deux millions* d'adhérents, sont venus apporter à la France un témoignage éclatant de cet état d'âme nouveau dans le peuple anglais. Réunis à la Bourse du Travail à Paris, ils y ont fait voter un ordre du jour flétrissant toutes les excitations entre les deux nations et demandant de régler et l'avenir toutes les difficultés pouvant surgir entre elles, par l'arbitrage.

Quelques mois plus tard, de nombreux représentants des syndicats ouvriers et des Bourses du Travail de France sont allés à Londres, pour y assurer les Anglais que leurs sentiments sont à l'unisson et qu'eux aussi ont la guerre en profonde exécration et ne pensent qu'à la paix et à l'accord international des peuples.

Les mêmes sentiments animent des deux côtés du détroit la bourgeoisie et les classes gouvernantes. La propagande menée par M. Th. Barclay, en France et en Angleterre, en faveur d'un arbitrage anglo-français, a démontré non seulement l'unanimité des sentiments pacifiques, mais aussi que la pensée anglo-française est depuis longtemps mûre pour accueillir l'avènement d'un statut juridique[1]. Et pour cause ! N'avons-nous

1. Rappelons à cette occasion que ce fut le grand Cobden qui

pas vu, plus haut, les services inoubliables que ces deux grands pays ont déjà rendus sous ce rapport à toute l'humanité. C'est sur leur sol qu'est née la plante de l'arbitrage et ce n'est qu'après y avoir poussé de profondes racines et soutenue par leurs efforts généreux, que cette nouvelle institution a reçu droit de cité dans le monde.

L'Allemagne a eu sans doute Kant qui, dans son *Essai philosophique de la paix perpétuelle*, a condensé la thèse de l'arbitrage tel que le comprenait le XVIIIe siècle. Mais il ne faut pas oublier ce que son *Essai* devait en premier lieu à Rousseau et ensuite à la grande Révolution. La voix autorisée de Kant resta pourtant presque isolée dans l'Allemagne moderne. Ce n'est que dans ces derniers temps que le peuple allemand commence à son tour à s'enflammer pour cette idée qui ne paraît point être du goût de son souverain actuel. La raison en est bien simple. Kant lui-même n'a-t-il pas soutenu qu'une pacification permanente ne pourra nous être donnée que par la constitution républicaine [1].

avait déjà lancé (en 1857) l'idée d'un traité d'arbitrage permanent entre la France et l'Angleterre.

1. Dans une constitution qui n'est pas républicaine, une déclaration de guerre est la chose du monde la plus facile à décider,

Ce qui aidera surtout la France et l'Angleterre
à travailler en faveur de l'arbitrage permanent,
c'est aussi le génie d'organisation pratique qui
caractérise les deux peuples. Leur conscience gagnée à la cause de l'arbitrage, tous deux ont trouvé
déjà le moyen de lui donner une expression efficace. C'est ainsi que la France possède actuellement, grâce à l'initiative et à la persévérance
d'un des champions les plus ardents de l'arbitrage,
M. d'Estournelles de Constant, un groupe parlementaire de l'arbitrage international, qui compte
environ 250 membres. Recruté parmi toutes les
nuances parlementaires, ce groupe tout puissant
pourra sous peu imposer ses volontés pacifiques à
la diplomatie française. Son but se réduit à ceci,
d'après la définition de son président : généraliser
la pratique de l'arbitrage international. Fidèle aux
obligations morales imposées aux 26 États signa-
taires par l'article 19, le groupe travaille ardem-
ment à étendre le principe d'arbitrage et à le faire
appliquer sur une plus large échelle possible. Il a

---

puisqu'elle ne coûte pas au chef le moindre sacrifice de ses plai-
sirs de table, de chasse, de cour, etc. Il peut donc résoudre une
guerre, comme une partie de plaisir, par les raisons les plus fri-
voles... (Kant. *Essai*. Deuxième Section. Article Ier).

ainsi déjà son adhésion, non seulement aux projets, réalisés depuis, d'arbitrages franco-anglais et franco-italien, mais aussi aux propositions émises à ce sujet par plusieurs autres gouvernements.

La section parlementaire anglaise, animée des mêmes intentions, est également très nombreuse. Tous ceux parmi les législateurs anglais qui font partie du *Commercial Committee*, sont d'avance acquis à cette idée et il ne faut pas oublier avec quelle bonne grâce ses adhérents ont inauguré tout récemment leurs relations directes avec la section parlementaire de l'arbitrage international français.

La victoire inévitable du droit des gens dans les relations franco-anglaises deviendra ainsi non seulement un soulagement pour la conscience civilisée, mais aussi un encouragement pour tous les autres peuples. L'union européenne se trouvera resserrée et préparera le règne de paix et de justice. Car

Le monde en s'éclairant s'élève à l'unité !

(LAMARTINE.)

Supposons à la tête de nos Affaires étrangères un homme capable d'utiliser tous les matériaux

élaborés par l'évolution de la justice internationale [1] et la même génération d'hommes, qui avait
assisté aux incidents de l'Année terrible, assistera
encore à l'avènement d'une ère nouvelle, dans les
relations de peuple à peuple. La France, appuyée
sur l'Angleterre, pourra ainsi débarrasser le
monde de la plus grande calamité qui ait jamais
pesé sur l'Europe. N'en doutons point : les deux
grands pays, sollicités par cette haute mission si
claire et si précise, sauront l'accomplir dignement.
Liés par un traité d'arbitrage encore trop anodin,
ils auront à cœur d'en augmenter ultérieurement
la portée et d'en étendre les bienfaits à la vaste
famille européenne. Rien n'empêchera du reste de
faire rentrer, dans le traité anglo-français, ainsi
modifié, une clause analogue à l'article 19 du
traité d'arbitrage permanent, conclu entre les
17 républiques du Nouveau-Monde. Et alors toutes
les nations pourront accepter ce traité et y prendre
part en signant un exemplaire et en le déposant
aux mains du gouvernement français ou anglais.

1. M. Delcassé lui-même, qui a donné tant de preuves de sagesse et d'amour de la paix, se laissera peut-être tenter par cette
gloire si pure et si noble. Elle assurera dans l'histoire à celui qui
s'en rendra digne une célébrité autrement durable que celle de
Napoléon, Bismarck ou tant d'autres malfaiteurs de la guerre.

Ces derniers n'auraient qu'à notifier l'existence d'un article pareil dans leur traité et il est hors de doute que des participations et des participants surgiraient de partout. Le traité anglo-français deviendrait de la sorte la base pour tous les traités à venir, la force centripète pour désarmer la guerre. Car le triomphe de l'état juridique entre nations, c'est la diminution des armements à date rapprochée et de la guerre ou des guerres en perspective.

La Paix durable, fruit sublime de tant d'efforts concentrés des siècles, deviendra ainsi un roc, sur lequel s'élèvera une humanité nouvelle.

Diminuée et humiliée en 1870, la France pourra prendre la seule revanche digne d'une nation dont la pensée compte toujours parmi les forces directrices du monde. Elle regagnera son rôle de conducteur de l'humanité et de protecteur de tous les petits peuples. Grâce à son génie de sociabilité, la France a réussi à unifier tant d'éléments ethniques et disparates, qui peuplent son sol : Bretons, Bourguignons, Provençaux, Normands ! Le même génie qui l'a rendue si chère au genre humain lui permettra d'accomplir, au dehors, son autre mission civilisatrice : créer la grande famille ayant un esprit et des tendances européennes.

Et de même que le français est déjà la langue officielle de l'Institut du droit international, des Conférences de la Paix et la langue officieuse de la Cour de La Haye[1], le peuple français deviendra le représentant naturel de cette humanité meilleure qui aura remplacé l'état d'anarchie par une solidarité juridique.

Le vaste complot contre la guerre, qui unit désormais sciemment ou d'une façon inconsciente tous les peuples, donnera sans doute des résultats bien plus réels, plus proches que tant d'alliances désunies, fruits avortés de la routine diplomatique.

La sagesse des peuples civilisés triomphera ainsi de la folie de leurs gouvernants et les nations qui y auront contribué le plus, en retireront le plus grand profit.

---

1. Le jugement rendu, dans le premier litige soumis à la Cour de La Haye (en 1902), entre les États-Unis et le Mexique, a été rédigé en français. Les débats de l'affaire du Vénézué'a (octobre 1903) pouvaient avoir lieu en anglais et en français ; en réalité le français fut la langue le plus fréquemment employée. (Voir la brochure de M. J. A. Jacobson, dans la *Bibliothèque pacifiste internationale*, 1re série.)

Pasteur, qui fut en même temps un patriote ardent et un pacifique convaincu, l'a dit : l'avenir appartiendra à ceux qui auront le plus fait pour l'humanité souffrante.

FIN

Association de la Paix par le Droit

Siège social : **Hôtel des Sociétés Savantes, 28, Rue Serpente, PARIS**

BUREAUX : Rue Monjardin, 10, à NÎMES.

Président d'Honneur : **Frédéric PASSY**

Programme : Substitut'on de l'arbitrage à la guerre dans les relations internationales

Organe : **LA PAIX PAR LE DROIT**

Revue Mensuelle

(France **2** fr. **50** ; — Étranger **3** fr. **25** par an)

Autres publications : **L'Almanach de la Paix (0** fr. **20)**
Appel-Programme (gratuit).

Cotisations : Membres à vie **50** fr. définitivement donnés.
Membres actifs : minimum de **4** francs par an.
Membres adhérents : cotisation annuelle quelconque.

L'EUROPÉEN

Courrier International Hebdomadaire, 24, Rue Dauphine. Paris (6e)

COMITÉ DE DIRECTION : **Björnstjerne, Bjornson, J. Novicow**
Nicolas Salmeron, Charles Seignobos

Rédacteur en chef: LOUIS DUMUR

Un numéro : France, **25** centimes ; Union, **30** centimes.
Abonnement : France, un an, **12** fr. ; six mois, **7** fr. ; trois mois, **3** fr. **50**
Union, un an, **15** fr. ; six mois, **8** fr. ; trois mois, **4** fr.

LA REVUE DE LA PAIX

Organe de la Société française pour l'Arbitrage entre Nations

SIÈGE SOCIAL : 16, Rue de la Sorbonne
DÉPÔT GÉNÉRAL : **Marchal et Billard,** 27, Place Dauphine, PARIS

Secrétaire de la Rédaction :

M. J. GAILLARD, 16, Rue de la Sorbonne

Abonnement annuel, partant du 1er janvier : France, **5** fr.
Étranger, **6** fr. **50.** — Un n°, **75** centimes.

Châteauroux. — Typ. et Stér. A. Mellottée.